Dieses Buch ist auch als E-Book erhältlich

Der Autor

Alfio Finochiaro kehrte 2024 nach über zwanzig Jahren Tätigkeit als Berufsoffizier der Schweizer Armee zurück zu seinem ersten Beruf als Sekundarlehrer. Heute begleitet er zudem Menschen als Mentaltrainer, Coach und Anwender des Emotionscodes®. Ausserdem führt er als Gesundheit!Clown® Workshops für Kinder und Erwachsene durch (www.vitamica.ch).

Alfio Finochiaro

Das Erwachen
deiner inneren Sonne

WIRKSAMES TRAINING
für die Erweiterung
DEINES
SELBSTBEWUSSTSEINS

Riggisberg, im Mai 2024

Alle Stärke liegt innen, nicht aussen.
(Jean Paul)

Herstellung und Verlag: BoD – Books on Demand, Norderstedt
ISBN: 9783759743343
1. Auflage

Inhaltsverzeichnis

Mein Weg zum Buch

Alles begann an einem heissen Sommertag in Sizilien, dem Herkunftsland meiner Eltern, als mein Onkel Pietro mir die Welt der Literatur und der Persönlichkeitsentwicklung geschmackhaft machte. Als siebzehnjähriger Teenager, der auf der Suche nach seiner Identität war, eröffneten sich mir damals bis dahin ungeahnte Möglichkeiten und es entstand in mir eine besondere Grundmotivation zum Leben und zur inneren Entwicklung, die bis heute geblieben ist. Die Fragen waren damals und sind auch heute geblieben: Was kann ich tun, um ein glückliches und gesundes Leben zu führen? Wer lehrt uns eigentlich, das Leben glücklich zu leben? Wo lernen wir innere Entwicklung, Selbstbewusstsein, Selbstvertrauen und die Fähigkeit, glückliche Beziehungen zu führen?

Ich begann Bücher zu lesen und machte mich damit auf die Suche nach Antworten. Diejenigen Autoren, die mich damals am stärksten geprägt haben, waren Hermann Hesse, Émile Coué, Platon und Johann Wolfgang von Goethe. Später kamen unter anderen Paolo Coelho, Thích Nhất Hạnh, der Dalai Lama und Rüdiger Dahlke dazu. In den vergangenen drei Jahre haben mich insbesondere Bücher von Robert Betz, Kurt Tepperwein und Eckart Tolle begleitet und inspiriert. Die Lektüre vieler Bücher motivierte mich, mein Menschenbild zu kreieren, mich im Innen zu entwickeln und mein Selbstbewusstsein zu entdecken.

Ein Buch hatte jedoch eine besonders starke Wirkung, welche bis heute noch spürbar ist: *Personnalité Supérieure* von Jean Chartier. Ich war damals achtzehn Jahre alt und der Inhalt dieses Buches – ich bekam von Pietro eine italienische Version, *Superpersonalità* – fesselte mich und sollte mir viele Jahre als treuer Begleiter immer wieder Mut machen und mich stärken. Insbesondere dank Kurt Tepperwein, Eckart Tolle sowie meiner Ausbildung zum Mentaltrainer konnte ich die Tiefe der Übungen jenes besonderen Buches richtig verstehen.

In meiner Tätigkeit als Coach und Mentaltrainer begegnete ich immer wieder Menschen, die bei sich selbst einen Mangel an Selbstbewusstsein, Selbstvertrauen oder Selbstwert feststellten. Ich musste dabei oft an Jean Chartiers Buch denken, jedoch gab es davon keine deutsche Version. Also entschied ich mich, ein eigenes Trainingsbuch in Anlehnung an die Methode von *Personnalité supérieure* zu schreiben, geschmückt mit all meinen persönlichen Erfahrungen, als auch mit denjenigen der Menschen, die ich in den letzten Jahren begleiten durfte.

Meine heutige Grundüberzeugung ist, dass Bewusstsein über mein Selbst mir die Macht gibt, mich als Schöpfer meines eigenen Lebens zu sehen und das Leben so zu gestalten, wie ich es will. Und dieses Selbstbewusstsein kann ich durch *Training* zum *Erwachen* bringen, weil es in mir selbst schlummert. Es ist wie eine hinter den Wolken versteckte *Sonne*, deren Wolken es aufzulösen gilt.

Ich möchte an dieser Stelle meinen Dank an diejenigen Menschen richten, die eine wichtige Rolle für die Entstehung dieses Buches gespielt haben: An meinen Onkel und Mentor Pietro für den entscheidenden Funken in meiner Jugend; an Christina Paganini, meine Lebenslehrerin, die mich unendlich inspiriert hat; an meinen Freund Olaf Cordes für das Lektorat und die vielen wertvollen Hinweise zur vorliegenden deutschen Version; an Andrea Dobrota, meiner geschätzten Mitstudentin im Lehrgang Mentaltrainer an der AAZB, für die vielen tiefgründigen Hinweise und die Gestaltung des Covers; an meine liebe Ehefrau Jeanine für ihre Liebe und Geduld sowie an meine lieben Eltern für die Herzensbildung in meiner Kindheit und Jugend.

Möge dieses vorliegende Training dein Selbstbewusstsein, dein Selbstvertrauen, deine Achtsamkeit, deine Gelassenheit und deine Gegenwärtigkeit zum Ausdruck bringen! :o)

Bring auch du deine innere Sonne zum Erwachen!

Alfio Finochiaro

Einführung

Du hast dich dazu entschieden, ein Training zur Steigerung deines Selbstbewusstseins durchzuführen und somit dein persönliches Wachstum voranzubringen und folglich dein eigenes Leben in die Hand zu nehmen. Ich gratuliere dir zu diesem Schritt!

Selbstbewusstsein bezieht sich auf das Bewusstsein und die Wahrnehmung einer Person über sich selbst. Es umfasst in meinem Verständnis zwei wesentliche Dimensionen: Zum einen das Vertrauen in unsere Gedanken, Entscheidungen und Handlungen in Verbindung mit einem Gefühl der Selbstsicherheit und Selbstakzeptanz, und zum anderen das Bewusstsein über unser spirituelles Selbst, jenen transzendenten Anteil in uns, der unabhängig von unserer individuellen Persönlichkeit existiert.

Die erste Dimension des Selbstbewusstseins zeigt sich im festen Glauben an unsere Fähigkeiten und unseren Wert als Individuum. Selbstbewusste Menschen sind in der Lage, ihre Ziele zu verfolgen, sich selbst zu respektieren und sich in verschiedenen sozialen Situationen angemessen zu verhalten. Dabei ist anzumerken, dass Selbstbewusstsein nicht mit Arroganz verwechselt werden sollte, sondern eine gesunde Balance zwischen Selbstsicherheit und Weisheit darstellt.

Die zweite Dimension von Selbstbewusstsein, die spirituelle Seite, beinhaltet die Verbundenheit mit unserer eigenen inneren Essenz oder zum höheren Selbst. Es ist eine tiefere Ebene des Bewusstseins, bei der es nicht nur darum geht, sich seiner eigenen Gedanken, Emotionen und Handlungen bewusst zu sein, sondern auch eine tiefere Ebene des Bewusstseins zu erkunden, die über das Ego hinausgeht.

Du kannst dein Selbstbewusstsein durch die bewusste Auseinandersetzung mit dir selbst kultivieren. Das bedeutet einerseits das Aufdecken und die Entwicklung von in dir angelegten persönlichen Eigenschaften. Es geht darum, Selbstvertrauen zu erlangen, das Selbstwertgefühl zu stärken, Gewohnheiten zu optimieren sowie Ressourcen zu entdecken und zu fördern.

Andererseits kannst du durch Selbstwahrnehmung und Achtsamkeit die spirituelle Dimension erforschen und intensivieren, indem du dich von einer reinen Identifikation mit deiner Persönlichkeit löst und ein Bewusstsein für dein spirituelles Wesen entwickelst.

Mit dem vorliegenden Training findest du nun eine Möglichkeit, durch praktische Übungen beide Aspekte deines Selbstbewusstseins zu stärken: Jeder Tag startet mit einer *Motivation*, die dich anregen darf, deine Einstellung und Gewohnheiten zu optimieren. Kraftvolle *Zitate* sollen dich durch den Tag begleiten, einprägsame *positive Affirmationen* dein Selbstbild stärken. Mit *Konzentrationsübungen* erzeugst du Stille und Achtsamkeit, mit der *Bewusstwerdung von eigenen Werten und Ressourcen* optimierst du deine mentalen Grundhaltungen. *Entspannungsübungen* führen dich zu mehr Gelassenheit und einer tieferen Selbstwahrnehmung.

Das vorliegende Buch stellt keine Auflistung von wissenschaftlichen Erkenntnissen dar, sondern bietet ein selbstwirksames Training an, welches von jedem Menschen praktisch und mit Leichtigkeit angewendet werden kann. Es begleitet dich durch die Woche und entspricht einer spielerischen und lockeren Anwendung von einfachen Übungen, die jeweils von Montag bis Samstag ausgeführt werden.

Führe diese Übungen jeweils am Morgen nach dem Aufstehen oder am Abend vor dem Schlafengehen in wenigen Minuten durch. Solltest du zwischendurch eine Pause machen, so setze die Übungen an der gleichen Stelle wieder fort, an der du aufgehört hast.

Ich empfehle dir, das Training wirklich ganz ohne Zwang und ohne Druck durchzuführen. Und denke daran: Du machst das freiwillig. Habe Spass daran, geniesse die Zeit, die du in dich selbst investierst. Idealerweise trainierst du drei bis vier Monate und integrierst du danach ausgewählte Übungen in deinen Alltag. Ich bin überzeugt: Schon nach wenigen Wochen werden sich die ersten Erfolge des Trainings in deinem Leben zeigen.

Und nun wünsche ich dir viel Spass, Selbstbewusstsein und ein gesundes und glückliches Leben!

Schreibe mir dein Feedback auf vitamica@bluewin.ch. Ich freue mich auf dich!

Beschreibung der Übungen

Du wirst bald entdecken, dass sich die Übungen jeden Tag von Neuem wiederholen. Zwar ändern sich die Inhalte, jedoch bleiben die Anweisungen zu den Übungen immer gleich. Das habe ich bewusst so gewählt, damit du nicht zu lange überlegst, sondern einfach drauf loslegst und dich auf die Praxis konzentrierst. Hier sind die täglich sechs einfachen Übungen.

Gute Gewohnheiten – Meine Motivation

Jeder Tag beginnt mit einem Gedankenanstoss zu einer ressourcenvollen Gewohnheit. Diese sollen dich motivieren, das Leben von seiner positiven Seite zu betrachten und deine Einstellung zu optimieren. Integrierst du wünschenswerte Gewohnheiten in deinen Alltag, kannst du zu einem erfüllteren Menschen werden. Du wirst rasch beobachten, wie dein Umfeld angenehm darauf reagiert.

Zitate als Kraftspender – Mein Begleiter

Zitate sind Worte, die komplexe Erkenntnisse in einprägsame Botschaften verwandeln. Diese können neue Impulse geben und deine Gedanken umlenken. Zitate haben die Kraft der Veränderung in sich, die du für deine Situation nutzen kannst.

Für jeden Tag findest du eine Auswahl an Zitaten. Entscheide dich jeweils für ein Zitat und lasse es ab und zu in deiner Gedankenwelt erscheinen. Es soll dich als Kraftspender inspirieren und durch den Tag begleiten.

Positive Affirmationen zur Stärkung des Selbstbildes – Meine Überzeugung

Affirmationen sind kurze und positiv formulierte innere Überzeugungen. Durch Wiederholung wirken sie autosuggestiv im Unterbewusstsein und helfen dir, unerwünschte Gedanken und Überzeugungen zu verändern und durch kraftvolle Gedanken zu ersetzen. So kannst du dir ein positives Selbstbild und eine ressourcenvolle Einstellung aufbauen.

Spreche jeden Tag die aufgelisteten Affirmationen drei bis fünf Mal leise vor dich hin, ohne dir Gedanken darüber zu machen.

Konzentration für Gedankenstille und Aufmerksamkeit – Mein Fokus

Durch die Bündelung der eigenen Konzentration auf ein einziges Symbolbild werden störende Gedanken ausgeblendet. Die Aufmerksamkeit fixiert sich auf eine einfache Gegebenheit, ohne diese aktiv geistig zu verarbeiten. Diese Übung führt dich in die Stille in deiner Gedankenwelt und fördert somit deine Konzentrations-fähigkeit sowie deine Gegenwärtigkeit.

Schaue lediglich das Bild bis zu einer Minute lang an und versuche dabei, an nichts zu denken.

Aktivierung von Ressourcen – Meine Stärke

Diese Übung hat den Zweck, dass du dir über eigene Ressourcen und Werte bewusstwirst, um diese in deinem Leben zu integrieren. Werte treiben den Menschen an und beeinflussen Grundüberzeugungen, Glaubenssätze sowie Verhaltensweisen und seine gesamte Persönlichkeit.

Betrachte jeweils das Bild und lasse dich davon inspirieren. Finde einen für dich selbst unterstützenden Wert oder eine kraftvolle Ressource in dem Bild und denke während des Tages mehrmals darüber nach.

Gelassenheit und körperliches Wohlbefinden – Meine Entspannung

Entspannungsmethoden sind wirksam zur Verringerung körperlicher und geistiger Anspannung oder Erregung. Sie helfen dir, deinen Alltag souveräner zu bewältigen, Gelassenheit und Wohlbefinden zu erlangen und neue Energie zu tanken. Auch helfen sie mit, ein tieferes Körperbewusstsein zu entwickeln.

Entspanne dich jeweils am Abend vor dem Einschlafen oder im Verlaufe des Tages während einer Pause mit dieser Übung.

Und nun geht's wirklich los! Viel Spass! ;o)

Montag

Meine Motivation am Montag:
Der Anfang als Chance!

Jeder Anfang bietet die Gelegenheit, einen bewussten Neustart zu machen. Dabei hast du immer die Wahl, welche Qualitäten dieser Neuanfang aufweisen soll. Viele Menschen sehen den Wochenstart nach der Erholung am Wochenende als unangenehme Belastung an. Auf die Frage, wie es denn so gehe, folgt oft die Antwort: „Naja, ist halt Montag", auch wenn die berufliche Tätigkeit an sich nicht die Ursache dieser Aussage ist. Dass der Montag kommt, ist unvermeidlich. Ob er erfolgreich, glücklich und motivierend oder belastend, blockierend und mühsam ist, entscheidest nur du allein. Du hast mit deiner mentalen und emotionalen Einstellung die Möglichkeit, aus jedem neuen Tag einen guten oder einen schlechten Tag zu machen.

Entscheide dich also für einen aufmunternden Start der Woche, des Tages, der Arbeit oder des Projektes mit den von dir ausgewählten Qualitäten! Kraftvoll? Voller Elan oder begeisternd? Du hast die Wahl. Freue dich über jeden neuen Anfang und nutze ihn als Chance.

Du bist mit diesem Selbst-Training für mehr Achtsamkeit, Selbstvertrauen und Gelassenheit gestartet. Freue dich darüber! Es ist dein Erfolg!

Mein Begleiter
am Montag

Wähle ein Zitat und lasse es ab und zu in deiner Gedankenwelt erscheinen. Es soll dich als Kraftspender inspirieren und durch den Tag begleiten.

„Jeder ist seines Glückes Schmied."

„Du bist dein eigener Herr und Meister. Deine eigene
Zukunft hängt von dir selbst ab."
(Siddhartha Gautama)

„Jeder Mensch hat die Chance, mindestens einen Teil der
Welt zu verbessern, nämlich sich selbst."
(Paul de Lagarde)

„Was wir heute tun, entscheidet darüber, wie die Welt
morgen aussieht."
(Marie von Ebner-Eschenbach)

„Wir können den Wind nicht ändern, aber wir können
die Segel richtig setzen."
(Aristoteles)

Meine Überzeugung
am Montag

Spreche die aufgelisteten Affirmationen drei bis fünf Mal leise für dich selbst, ohne dir Gedanken darüber zu machen.

Ich bin gut
Ich bin glücklich
Ich bin intelligent
Ich bin entschlossen
Mir gelingt alles
Ich bin der Schöpfer meines Lebens

Mein Fokus
am Montag

Schaue das Bild eine Minute lang an und denke dabei an nichts.

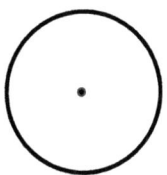

Meine Stärke
am Montag

Finde einen für dich selbst unterstützenden Wert oder eine kraftvolle Ressource in dem Bild.

Meine Entspannung
am Montag

Entspanne dich am Abend vor dem Einschlafen oder im
Verlaufe des Tages während einer Pause
mit dieser Übung.

Bewusstsein auf drei Stufen

Lege dich bitte auf den Rücken, mache es dir bequem. Schliesse sanft deine Augen.

Beobachte, wie dein Atem durch deine Nase in deine Lungen und wieder zurück über die Nase nach draussen strömt. Spüre, wie sich das in deinem Körper anfühlt, ohne zu werten. Lasse deinen Atem einfach zu, ohne ihn zu steuern. Nur beobachten und fühlen. Einatmen und ausatmen. Durch die Nase und nach unten zu den Lungen einatmen und ausatmen nach oben durch die Nase oder den Mund. Beobachte drei bis fünf Atemzüge und fühle, wie die Luft deinen Köper im Innern berührt.

Erweitere nun deine Aufmerksamkeit, indem du zusätzlich zur Atmung auch deinen Bauch fühlst, wie dieser sich bei jedem Ein- und Ausatmen bewegt, nach oben und wieder nach unten. Du kannst zur Unterstützung eine Hand auf den Bauch legen und die Bewegung fühlen und beobachten. Gleichzeitig mit der Beobachtung der Atmung.

Nimm zusätzlich zum Atem und zum Bauch nun auch deinen Körper wahr. Wie liegt er? Wie wird dein Körper von der Schwerkraft nach unten gezogen? Wie fühlt er sich an?

Atem – Bauch – Körper, halte dein Bewusstsein auf diesen drei Stufen und beobachte einfach.

Dienstag

Meine Motivation am Dienstag:
Beobachte dich!

Ich ermutige dich, dich heute zu beobachten. Nimm geistig eine Meta-Ebene ein und beobachte deine Gedanken, dein Verhalten und deine Emotionen, ohne diese zu bewerten. Gedanken, Verhalten und Emotionen kommen und gehen. Stelle dir Fragen wie: Welche Gedanken bringt der Denker in mir hervor? Wie denke ich über mich? Was denke ich über Personen, die mir begegnen? Welche Emotionen fühle ich gerade? Wo spüre ich diese Emotionen im Körper? Welche Situation oder welcher Gedanke hat meine Emotion ausgelöst? Wie habe ich mich gerade verhalten? Wie habe ich auf mein Gegenüber reagiert?

Die Selbstbeobachtung ist ein Instrument der Bewusstwerdung. Wenn du deine eigene Gedankenwelt, deine Gefühle und dein Verhalten bewusst beobachtest, erlangst du ein tieferes Verständnis über dich selbst und erlebst du den gegenwärtigen Moment bewusster. Dadurch kannst du dich von unbewussten Denkmustern und destruktiven Verhaltensweisen lösen, was letztendlich zu innerem Frieden und Erfüllung führt.

Mein Begleiter
am Dienstag

Wähle ein Zitat und lasse es ab und zu in deiner Gedankenwelt erscheinen. Es soll dich als Kraftspender inspirieren und durch den Tag begleiten.

„Wer stark ist, kann sich erlauben, leise zu sprechen."
(Theodore Roosevelt)

„Wenn du fest daran glaubst, kannst du etwas vollbringen,
was dir im Augenblick unerreichbar scheint."
(Bettina Graf)

„Niemand weiss, wie weit seine Kräfte gehen, bis er sie
versucht hat."
(Johann Wolfgang von Goethe)

„Die wahre Stärke liegt nicht in physischer Kraft, sondern
in einem unerschütterlichen Willen und einer ruhigen
Gelassenheit, die aus dem Inneren kommt."
(Mahatma Gandhi)

„Ausdauer und Entschlossenheit sind zwei Eigenschaften,
die bei jedem Unternehmen den Erfolg sichern."
(Leo Tolstoi)

Meine Überzeugung
am Dienstag

Spreche die aufgelisteten Affirmationen drei bis fünf Mal
leise für dich selbst, ohne dir Gedanken darüber
zu machen.

Ich bin stark
Ich bin mächtig
Ich bin fähig
Ich bin kompetent
Ich vertraue mir selbst
Ich bin einzigartig

Mein Fokus
am Dienstag

Schaue das Bild eine Minute lang an und denke dabei an nichts.

Meine Stärke
am Dienstag

Finde einen für dich selbst unterstützenden Wert oder eine kraftvolle Ressource in dem Bild.

Meine Entspannung
am Dienstag

Entspanne dich am Abend vor dem Einschlafen oder im
Verlaufe des Tages während einer Pause
mit dieser Übung.

4 – 5 – 8

Lege dich bitte auf den Rücken und mache es dir bequem. Schliesse sanft deine Augen.

Schliesse deine Lippen, atme tief durch deine Nase ein und zähle dabei langsam bis vier. Halte dann den Atem an und zähle bis fünf. Atme anschliessend durch den Mund aus, wobei du deine Lippen leicht öffnest und einen leisen "whoo"-Klang erzeugst, während du bis acht zählst.

Konzentriere dich dabei ganz auf den Atemrhythmus und das Zählen, um deinen Geist von störenden Gedanken zu befreien.

Mittwoch

Meine Motivation am Mittwoch – Lächle!

Heute ist der Tag, an dem du lächeln solltest. Und zwar ohne irgendeinen Grund. Ein Lächeln fördert positive soziale Interaktionen. Es signalisiert Freundlichkeit, Offenheit und Sympathie, was die zwischenmenschliche Kommunikation erleichtern und das Vertrauen stärken kann. Dein Lächeln kann jedoch auch dein Wohlbefinden steigern und die Stimmung aufhellen. Es löst die Freisetzung von Endorphinen aus, die als natürliche „Glückshormone" wirken und Stress reduzieren können. Darüber hinaus kann es das Immunsystem stärken und den Blutdruck senken.

Lächle heute also, sobald du einem Menschen begegnest und bevor du überhaupt zu reden beginnst!

Lächle bitte - JETZT! ☺

Mein Begleiter
am Mittwoch

Wähle ein Zitat und lasse es ab und zu in deiner Gedankenwelt erscheinen. Es soll dich als Kraftspender inspirieren und durch den Tag begleiten.

„Freude ist die einfachste Form der Dankbarkeit."
(Karl Barth)

„Ein Leben ohne Freuden ist wie eine weite Reise ohne
Gasthaus."
(Demokrit)

„Jeder Tag, an dem du nicht lächelst, ist ein verlorener
Tag."
(Charly Chaplin)

„Freude - welch eine Urkraft, mächtig genug, die Welt aus
den Angeln zu heben."
(Elisabeth Langgässer)

„Dem Fröhlichen gehört die Welt, die Sonne und das
Himmelszelt."
(Unbekannt)

Meine Überzeugung
am Mittwoch

Spreche die aufgelisteten Affirmationen drei bis fünf Mal
leise für dich selbst, ohne dir Gedanken darüber
zu machen.

Ich bin sympathisch
Ich bin zuversichtlich
Ich bin kreativ
Ich bin talentiert
Ich bin fröhlich
Ich habe Freude am Leben

Mein Fokus
am Mittwoch

Schaue das Bild eine Minute lang an und denke dabei an nichts.

**Meine Stärke
am Mittwoch**

Finde einen für dich selbst unterstützenden Wert oder eine
kraftvolle Ressource in dem Bild.

Meine Entspannung
am Mittwoch

Entspanne dich am Abend vor dem Einschlafen oder im
Verlaufe des Tages während einer Pause
mit dieser Übung.

Körper mit Bewusstsein überfluten

Schliesse sanft deine Augen, lege dich bitte auf den Rücken und entspanne deinen Körper ganz bewusst von der Fussspitze bis zum Kopf.

Beginne bei einem Fuss und stelle dir vor, wie du jede Spannung im Fuss loslässt. Tue dies von der Fussspitze langsam in Richtung Fussgelenk, bis der Fuss vor lauter Entspannung fast kribbelt. Fühle anschliessend deine Lebensenergie in deinem Fuss für zehn Sekunden lang so intensiv wie du kannst.

Wiederhole diesen Ablauf sachte entlang der beiden Füsse und Beine, des Beckens, des Bauchs, der Brust, der Schultern, der Arme und Hände, des Halses bis zum Kopf.

Lasse danach deine Aufmerksamkeit ein paar Mal wie eine Welle von den Füssen zum Kopf und umgekehrt durch den Körper laufen. Fühle nun deinen ganzen Körper als ein einziges Energiefeld und halte dieses Gefühl ein paar Minuten.

Lasse anschliessend alles los und entspanne dich.

Donnerstag

Meine Motivation am Donnerstag –
Verzichte bewusst darauf, dich zu ärgern!

Ich wette, dass auch du dich schon mehrmals in deinem Leben genervt oder geärgert hast. Ja? „Natürlich" wirst du sagen. Das ist logisch und menschlich. Und doch bin ich überzeugt, dass wir dies mehr tun, als es nötig wäre. Denn die Situation, die dich verärgert, ändert sich deswegen kaum. Ob du dich ärgerst oder nicht.

Verzichte heute darauf, dich zu ärgern! Ärger kann dir Energie und Lebensfreude rauben. Akzeptiere, dass nicht alles unter deiner Kontrolle steht, und betrachte Herausforderungen als Chancen zur persönlichen Entwicklung. Finde Gelassenheit in schwierigen Situationen, indem du bewusst auf negative Emotionen verzichtest.

Erkenne, dass Ärger oft mehr Schaden anrichtet als Nutzen bringt, und wähle stattdessen die Kraft der Selbstbeherrschung. Konzentriere dich auf das Gute und auf Gelassenheit, denn chronischer Ärger kann durchaus auch gesundheitliche Probleme verursachen.

Du hast die Wahl, wie du auf Situationen reagierst. Weisheit schlägt Wut! Befreie dich von der Last des Ärgers und erlebe ein leichteres und friedvolles Leben.

Mein Begleiter
am Donnerstag

Wähle ein Zitat und lasse es ab und zu in deiner Gedankenwelt erscheinen. Es soll dich als Kraftspender inspirieren und durch den Tag begleiten.

„Was wäre das Leben, hätten wir nicht den Mut, etwas zu riskieren?"
(Vincent van Gogh)

„Es gehört oft mehr Mut dazu, seine Meinung zu ändern, als ihr treu zu bleiben."
(Friedrich Hebbel)

„Alle Träume können wahr werden, wenn wir den Mut haben, ihnen zu folgen."
(Walt Disney)

„Der Mut steht am Anfang, das Glück am Ende."
(Demokrit)

„Mut ist die Kraft, sich von Vertrautem loszureissen."
(Unbekannt)

Meine Überzeugung
am Donnerstag

Spreche die aufgelisteten Affirmationen drei bis fünf Mal
leise für dich selbst, ohne dir Gedanken darüber
zu machen.

Ich bin mutig
Ich bin tapfer
Ich wage alles
Ich bin schwungvoll
Ich bin begeistert
Ich bin voller Lebenskraft

Mein Fokus
am Donnerstag

Schaue das Bild eine Minute lang an und denke dabei an
nichts.

Meine Stärke
am Donnerstag

Finde einen für dich selbst unterstützenden Wert oder eine
kraftvolle Ressource in dem Bild.

Meine Entspannung
am Donnerstag

Entspanne dich am Abend vor dem Einschlafen oder im
Verlaufe des Tages während einer Pause
mit dieser Übung.

Progressive Muskelentspannung

Lege dich bitte bequem auf den Rücken und konzentriere dich auf deine Atmung. Schliesse bitte deine Augen sanft.

Beginne damit, deine Zehen zu krümmen und dann langsam zu entspannen. Arbeite dich langsam durch deinen Körper, spanne und entspanne jeden Muskel nacheinander. Achte darauf, tief und gleichmässig zu atmen. Visualisiere dabei, wie jede Spannung aus deinem Körper weicht und stattdessen eine tiefe Entspannung eintritt. Halte jede Spannung für ein paar Sekunden und entspanne dann für das Doppelte dieser Zeit.

Wiederhole dies für jede Muskelgruppe, einschliesslich der Beine, des Bauches, der Brust, der Arme, des Nackens und des Gesichts. Lasse alle Gedanken los und erlaube dir, in einen ruhigen und friedlichen Schlaf zu gleiten.

Freitag

Meine Motivation am Freitag –
Mache Komplimente!

„Der trägt heute ein schönes Hemd" oder „Die sieht heute aber besonders gut aus". Wie oft hast du schon solche Sätze gedacht, aber nicht ausgesprochen? Wie viele Male hast du es also verpasst, jemandem Komplimente zu machen und damit eine Freude zu bereiten?

Wenn wir anderen aufrichtige und wohlwollende Komplimente machen, stärken wir die Beziehung zu ihnen. Es ist eine wertschätzende Geste, die Vertrauen schafft und eine positive Bindung fördert. Komplimente haben überdies die Kraft, eine positive Atmosphäre zu schaffen, Motivation und Inspiration zu bieten und dazu beizutragen, dass sich Menschen wohl und geschätzt fühlen. Dies kann wiederum ein angenehmes soziales Umfeld schaffen.

Nicht nur das Empfangen von Komplimenten, sondern auch das Geben kann das eigene Selbstwertgefühl steigern. Indem du anderen Anerkennung gibst, erkennst du ihre Stärken und positive Eigenschaften an. Und dies hilft dir, dich auf positive Aspekte zu fokussieren und eine positive Sichtweise zu kultivieren.

Komplimente zu machen, ist eine einfache und effektive Möglichkeit, Freude und gute Laune zu teilen. Worauf wartest du noch? Mache heute Komplimente!

Mein Begleiter
am Freitag

Wähle ein Zitat und lasse es ab und zu in deiner Gedankenwelt erscheinen. Es soll dich als Kraftspender inspirieren und durch den Tag begleiten.

„Ein Tropfen Liebe ist mehr als ein Ozean Verstand."
(Blaise Pascal)

„Man sieht nur mit dem Herzen gut, das Wesentliche ist
für die Augen unsichtbar."
(Antoine de Saint-Exupery)

„Die Liebe trägt die Seele, wie die Füsse den Leib tragen."
(Katharina von Siena)

„Dass sich komplett die Welt verschiebe, vermag von
allem nur die Liebe."
(Leonie Ranly)

„Die Liebe ist die Wärme, in welcher das Eis des Herzens
schmilzt."
(Jeremias Gotthelf)

Meine Überzeugung
am Freitag

Spreche die aufgelisteten Affirmationen drei bis fünf Mal
leise für dich selbst, ohne dir Gedanken darüber
zu machen.

Ich liebe mich
Ich segne mich
Ich bin stolz auf mich
Ich respektiere mich
Ich freue mich und lächle
Ich liebe das Leben und das Leben liebt mich

Mein Fokus
am Freitag

Schaue das Bild eine Minute lang an und denke dabei an nichts.

Meine Stärke
am Freitag

Finde einen für dich selbst unterstützenden Wert oder eine kraftvolle Ressource in dem Bild.

Meine Entspannung
am Freitag

Entspanne dich am Abend vor dem Einschlafen oder im
Verlaufe des Tages während einer Pause
mit dieser Übung.

Herzschlag

Lege dich bitte wieder auf den Rücken, mache es dir bequem und schliesse sanft deine Augen.

Lege deine Hand auf die Brust und spüre dabei deinen Herzschlag. Zähle nun deine Herzschläge von 1 bis 10 und atme entspannt weiter. Richte deine Aufmerksamkeit dabei auf die Herzschläge und versuche diese zu spüren.

Mache danach eine kurze Pause und halt deine Hand weiterhin auf deiner Brust, ohne zu zählen.

Wiederhole diesen Ablauf fünfmal, ohne deinen Atem zu kontrollieren oder zu steuern. Du darfst dich dabei so richtig entspannen und wohlfühlen.

Diese Übung hilft dir, den Geist zu beruhigen, den Körper zu entspannen und den Übergang in einen erholsamen Schlaf zu erleichtern.

Samstag

Meine Motivation am Samstag –
Mit Begeisterung und Dankbarkeit durch den Tag!

Beginne deinen Tag heute mit Begeisterung und einem Lächeln im Herzen! Jeder Tag ist eine neue Chance, voller Möglichkeiten und Abenteuer. Sei dankbar für die kleinen Dinge, die dein Leben bereichern – die warme Sonne, das Lachen eines Freundes, die Möglichkeit zu lernen und zu wachsen. Wenn du dich auf das konzentrierst, was du hast, statt auf das, was dir fehlt, öffnen sich dir neue Horizonte der Freude und Zufriedenheit. Jeder Moment ist ein Geschenk, eine Gelegenheit, deine Träume zu verfolgen und dein Potenzial zu entfalten. Begegne Herausforderungen mit Begeisterung und Zuversicht, denn sie sind die Meilensteine auf dem Weg zu deinen Zielen.

Nutze deine heutige Energie, um anderen zu helfen und deine Leidenschaften zu leben. Mit Dankbarkeit im Herzen und Begeisterung im Geist kannst du heute Berge versetzen. Also gehe mit Freude, Dankbarkeit und Begeisterung durch diesen Tag – er gehört dir, geniesse ihn!

Mein Begleiter
am Samstag

Wähle ein Zitat und lasse es ab und zu in deiner Gedankenwelt erscheinen. Es soll dich als Kraftspender inspirieren und durch den Tag begleiten.

„Der Schlüssel dazu, sich eines glücklichen und erfüllten Lebens erfreuen zu können, ist der Bewusstseinszustand. Das ist das Wesentliche."
(Dalai Lama)

„Du kannst dich nicht selber finden, indem du in die Vergangenheit gehst. Du findest dich selber, indem du in die Gegenwart kommst."
(Eckhart Tolle)

„Der Weg zum Ziel beginnt an dem Tag, an dem du die hundertprozentige Verantwortung für dein Tun übernimmst."
(Dante)

„Wenn man alles, was einem begegnet, als Möglichkeit zu innerem Wachstum ansieht, gewinnt man innere Stärke."
(Jetsün Milarepa)

„Mein Geist erschafft die Welt."
(Siddhartha Gautama)

Meine Überzeugung
am Samstag

Spreche die aufgelisteten Affirmationen drei bis fünf Mal
leise für dich selbst, ohne dir Gedanken darüber
zu machen.

Ich bin selbstbewusst
Ich bin souverän
Ich bin erfolgreich
Ich geniesse das Leben
Ich gehe mit aller Kraft voran
Ich übernehme die Verantwortung über mein
Leben

Mein Fokus
am Samstag

Schaue das Bild eine Minute lang an und denke dabei an nichts.

Meine Stärke
am Samstag

Finde einen für dich selbst unterstützenden Wert oder eine
kraftvolle Ressource in dem Bild.

Meine Entspannung
am Samstag

Entspanne dich am Abend vor dem Einschlafen oder im
Verlaufe des Tages während einer Pause
mit dieser Übung.

Kraftort

Lege dich bitte auf den Rücken, mache es dir bequem und schliesse sanft deine Augen.

Stelle dir einen Ort vor, an dem du dich besonders wohl und entspannt fühlst - das kann ein Strand, ein Wald oder einfach dein gemütliches Zuhause sein.

Visualisiere dabei alle Details dieses Ortes: Farben, Geräusche, Gerüche und die angenehme Atmosphäre. Lasse deine Sinne vollständig in diese Vorstellung eintauchen. Atme dabei ruhig und gleichmässig und spüre, wie sich mit jedem Atemzug deine Entspannung vertieft.

Stelle dir vor, wie alle Sorgen und Gedanken des Tages von dir abfallen und du in einen Zustand vollkommener Ruhe und Gelassenheit gleitest. Verweile in dieser Visualisierung, solange es sich für dich angenehm anfühlt, und geniesse den Frieden, den sie dir schenkt.

Weisheiten über Selbstbewusstsein

Dieses Kapitel hat die Aufgabe, das erlebte Training mit einigen inspirierenden Zitaten zum Selbstbewusstsein abzurunden. Ich ermuntere dich, deine eigene Definition zu finden und deinen Weg zu gehen.

„Selbstbewusstsein ist das Ergebnis von Meditation oder Denken über das Wesen des Selbst. Und auf diesem Wege wird Dir dann auch reines, bewusstes Sein begegnen." (*unbekannt*)

„Aufrichtigkeit ist das beste Mittel gegen mangelndes Selbstbewusstsein." (*Dalai Lama*)

„Der Mensch ist nie allein: Das Selbstbewusstsein macht, dass immer zwei Ich in einer Stube sind." (*Jean Paul*)

„Die Gelassenheit ist eine anmutige Form des Selbstbewusstseins." (*Marie von Ebner-Eschenbach*)

„Wer selbstbewusst ist, kann es sich auch leisten, seine Gefühle zu zeigen." (*unbekannt*)

„Selbstbewusstsein bedeutet sich seines Selbst bewusst zu sein. Aus dem Bewusstseinszustand entspringt das, was wir Fülle und Schönheit nennen." *(Kurt Tepperwein)*

Schlusswort

Liebe Leserin, lieber Leser

Mit diesen Zeilen möchte ich unsere Reise zur Stärkung des Selbstbewusstseins abschliessen. Durch die täglichen Übungen, die du durchgeführt hast – sei es das Etablieren neuer Gewohnheiten, das Reflektieren über inspirierende Zitate, das Wiederholen von stärkenden Affirmationen, das Trainieren der Konzentration, das Anregen von Ressourcen anhand eines Bildes oder das Finden von innerer Ruhe durch Entspannungsübungen – hast du einen bedeutenden Schritt in Richtung persönlicher Entwicklung vollzogen.

Ich lade dich ein, diese Übungen auch weiterhin in deinen Alltag zu integrieren und sie zu einem festen Bestandteil deines Lebens zu machen. Kontinuierliche Praxis hilft dir, langfristige Veränderungen zu bewirken.

Ich danke dir von Herzen, dass du dieses Buch als Werkzeug für deine persönliche Entwicklung genutzt hast. Möge das, was du in diesen Seiten für dich entdeckt hast, dich auf deinem Weg zu einem selbstbewussten und erfüllten Leben begleiten. Mit den besten Wünschen für deine Zukunft des Selbstbewusstseins,

Alfio Finochiaro

Quellen

Hauptquelle

Chartier Jean: Superpersonalità. Siad Edizioni, Milano, 1982.

Internet

https://www.viabilia.de
https://www.careelite.de
https://all-free-download.com
https://www.aphorismen.de

Literaturtipps

Betz Robert: Willst du normal sein oder glücklich? Wilhelm Heyne Verlag, München, 2011.

Dalai Lama: Ratschläge des Herzens. Diogenes Verlag, Zürich, 2003.

Naimy Mikhaïl: Das Buch des Mirdad. DRP Rosenkreuz Verlag, Birnbach, 2011.

Tepperwein Kurt, Praxisbuch Mentaltraining. Wilhelm Heyne Verlag, München, 2016.

Tolle Eckart, Jetzt! die Kraft der Gegenwart. Kamphausen Media, Bielefeld, 2023.